TRANZLATY

El idioma es para todos

Taal is vir almal

La Bella y la Bestia

Skoonheid en die Dier

Gabrielle-Suzanne Barbot de Villeneuve

Español / Afrikaans

Copyright © 2025 Tranzlaty
All rights reserved
Published by Tranzlaty
ISBN: 978-1-80572-069-0
Original text by Gabrielle-Suzanne Barbot de Villeneuve
La Belle et la Bête
First published in French in 1740
Taken from The Blue Fairy Book (Andrew Lang)
Illustration by Walter Crane
www.tranzlaty.com

Había una vez un rico comerciante
Daar was eens 'n ryk handelaar
Este rico comerciante tuvo seis hijos.
hierdie ryk handelaar het ses kinders gehad
Tenía tres hijos y tres hijas.
hy het drie seuns en drie dogters gehad
No escatimó en gastos para su educación
hy het geen koste vir hul opvoeding ontsien nie
Porque era un hombre sensato
want hy was 'n man van verstand
pero dio a sus hijos muchos siervos
maar hy het sy kinders baie diensknegte gegee
Sus hijas eran extremadamente bonitas
sy dogters was baie mooi
Y su hija menor era especialmente bonita.
en sy jongste dogter was besonder mooi
Desde niña ya admiraban su belleza
as kind was haar skoonheid reeds bewonder
y la gente la llamaba por su belleza
en die volk het haar deur haar skoonheid genoem
Su belleza no se desvaneció a medida que envejecía.
haar skoonheid het nie vervaag soos sy ouer geword het nie
Así que la gente seguía llamándola por su belleza.
daarom het die mense haar deur haar skoonheid bly roep
Esto puso muy celosas a sus hermanas.
dit het haar susters baie jaloers gemaak
Las dos hijas mayores tenían mucho orgullo.
die twee oudste dogters het baie trots gehad
Su riqueza era la fuente de su orgullo.
hulle rykdom was die bron van hulle trots
y tampoco ocultaron su orgullo
en hulle het ook nie hul trots weggesteek nie
No visitaron a las hijas de otros comerciantes.
hulle het nie ander handelaars se dogters besoek nie
Porque sólo se encuentran con la aristocracia.
want hulle ontmoet net aristokrasie

Salían todos los días a fiestas.
hulle het elke dag uitgegaan na partytjies
bailes, obras de teatro, conciertos, etc.
balle, toneelstukke, konserte, ensovoorts
y se rieron de su hermana menor
en hulle het vir hul jongste suster gelag
Porque pasaba la mayor parte del tiempo leyendo
omdat sy die meeste van haar tyd spandeer het aan lees
Era bien sabido que eran ricos
dit was welbekend dat hulle ryk was
Así que varios comerciantes eminentes pidieron su mano.
so het verskeie vooraanstaande handelaars om hul hand gevra
pero dijeron que no se iban a casar
maar hulle het gesê hulle gaan nie trou nie
Pero estaban dispuestos a hacer algunas excepciones.
maar hulle was bereid om 'n paar uitsonderings te maak
"Quizás podría casarme con un duque"
"Miskien kan ek met 'n hertog trou"
"Supongo que podría casarme con un conde"
"Ek dink ek kan met 'n graaf trou"
Bella agradeció muy civilizadamente a quienes le propusieron matrimonio.
skoonheid het baie beskaafd bedank vir diegene wat aan haar voorgestel het
Ella les dijo que todavía era demasiado joven para casarse.
sy het vir hulle gesê sy is nog te jonk om te trou
Ella quería quedarse unos años más con su padre.
sy wou nog 'n paar jaar by haar pa bly
De repente el comerciante perdió su fortuna.
Op een slag het die handelaar sy fortuin verloor
Lo perdió todo excepto una pequeña casa de campo.
hy het alles verloor behalwe 'n klein plattelandse huis
Y con lágrimas en los ojos les dijo a sus hijos:
en hy het vir sy kinders met trane in sy oë gesê:
"Tenemos que ir al campo"
"ons moet platteland toe gaan"

"y debemos trabajar para vivir"
"en ons moet werk vir ons lewe"
Las dos hijas mayores no querían abandonar el pueblo.
die twee oudste dogters wou nie die dorp verlaat nie
Tenían varios amantes en la ciudad.
hulle het verskeie minnaars in die stad gehad
y estaban seguros de que uno de sus amantes se casaría con ellos
en hulle was seker een van hulle minnaars sou met hulle trou
Pensaban que sus amantes se casarían con ellos incluso sin fortuna.
hulle het gedink dat hul minnaars met hulle sou trou, selfs met geen fortuin nie
Pero las buenas damas estaban equivocadas.
maar die goeie dames was verkeerd
Sus amantes los abandonaron muy rápidamente
hulle minnaars het hulle baie vinnig verlaat
porque ya no tenían fortuna
want hulle het geen fortuin meer gehad nie
Esto demostró que en realidad no eran muy queridos.
dit het gewys dat hulle nie eintlik baie geliefd is nie
Todos dijeron que no merecían compasión.
almal het gesê hulle verdien nie om bejammer te word nie
"Nos alegra ver su orgullo humillado"
"ons is bly om te sien hoe hul trots verneder is"
"Que se sientan orgullosos de ordeñar vacas"
"laat hulle trots wees om koeie te melk"
Pero estaban preocupados por Bella.
maar hulle was besorg oor skoonheid
Ella era una criatura tan dulce
sy was so 'n lieflike wese
Ella hablaba tan amablemente a la gente pobre.
sy het so vriendelik met arm mense gepraat
Y ella era de una naturaleza tan inocente.
en sy was van so 'n onskuldige aard
Varios caballeros se habrían casado con ella.

Verskeie here sou met haar getrou het
Se habrían casado con ella aunque fuera pobre
hulle sou met haar getrou het al was sy arm
pero ella les dijo que no podía casarlos
maar sy het vir hulle gesê sy kan nie met hulle trou nie
porque ella no dejaría a su padre
want sy wou nie haar pa verlaat nie
Ella estaba decidida a ir con él al campo.
sy was vasbeslote om saam met hom na die platteland te gaan
para que ella pudiera consolarlo y ayudarlo
sodat sy hom kon troos en help
La pobre belleza estaba muy triste al principio.
Arme skoonheid was aanvanklik baie bedroef
Ella estaba afligida por la pérdida de su fortuna.
sy was bedroef oor die verlies van haar fortuin
"Pero llorar no cambiará mi suerte"
"maar om te huil sal nie my lot verander nie"
"Debo intentar ser feliz sin riquezas"
"Ek moet probeer om myself gelukkig te maak sonder rykdom"
Llegaron a su casa de campo
hulle het na hul plattelandse huis gekom
y el comerciante y sus tres hijos se dedicaron a la agricultura
en die handelaar en sy drie seuns het hulle op die landbou toegespits
Bella se levantó a las cuatro de la mañana.
skoonheid het om vieruur in die oggend opgestaan
y se apresuró a limpiar la casa
en sy het haastig die huis skoongemaak
y se aseguró de que la cena estuviera lista
en sy het seker gemaak aandete is gereed
Al principio encontró su nueva vida muy difícil.
aan die begin het sy haar nuwe lewe baie moeilik gevind
porque no estaba acostumbrada a ese tipo de trabajo
omdat sy nie aan sulke werk gewoond was nie
Pero en menos de dos meses se hizo más fuerte.

maar in minder as twee maande het sy sterker geword
Y ella estaba más sana que nunca.
en sy was gesonder as ooit tevore
Después de haber hecho su trabajo, leyó
nadat sy haar werk gedoen het, het sy gelees
Ella tocaba el clavicémbalo
sy het op die klavesimbel gespeel
o cantaba mientras hilaba seda
of sy het gesing terwyl sy sy gespin het
Por el contrario, sus dos hermanas no sabían cómo pasar el tiempo.
inteendeel, haar twee susters het nie geweet hoe om hul tyd deur te bring nie
Se levantaron a las diez y no hicieron nada más que holgazanear todo el día.
hulle het tienuur opgestaan en niks gedoen as om die hele dag te lui nie
Lamentaron la pérdida de sus hermosas ropas.
hulle het die verlies van hul mooi klere betreur
y se quejaron de perder a sus conocidos
en hulle het gekla oor die verlies van hul kennisse
"Mirad a nuestra hermana menor", se dijeron.
"Kyk bietjie na ons jongste suster," sê hulle vir mekaar
"¡Qué criatura tan pobre y estúpida es!"
"wat 'n arm en dom skepsel is sy nie"
"Es mezquino contentarse con tan poco"
"dit is gemeen om met so min tevrede te wees"
El amable comerciante tenía una opinión muy diferente.
die vriendelike handelaar was van 'n heel ander mening
Él sabía muy bien que Bella eclipsaba a sus hermanas.
hy het baie goed geweet dat skoonheid haar susters oortref het
Ella los eclipsó tanto en carácter como en mente.
sy het hulle oortref in karakter sowel as verstand
Él admiraba su humildad y su arduo trabajo.
hy het haar nederigheid en haar harde werk bewonder
Pero sobre todo admiraba su paciencia.

maar bowenal het hy haar geduld bewonder
Sus hermanas le dejaron todo el trabajo por hacer.
haar susters het vir haar al die werk gelos om te doen
y la insultaban a cada momento
en hulle het haar elke oomblik beledig
La familia había vivido así durante aproximadamente un año.
Die gesin het sowat 'n jaar lank so geleef
Entonces el comerciante recibió una carta de un contable.
toe kry die handelaar 'n brief van 'n rekenmeester
Tenía una inversión en un barco.
hy het 'n belegging in 'n skip gehad
y el barco había llegado sano y salvo
en die skip het veilig aangekom
Esta noticia hizo que las dos hijas mayores se volvieran locas.
hierdie nuus het die twee oudste dogters se koppe laat draai
Inmediatamente tuvieron esperanzas de regresar a la ciudad.
hulle het dadelik hoop gehad om terug te keer dorp toe
Porque estaban bastante cansados de la vida en el campo.
want hulle was nogal moeg vir die plattelandse lewe
Fueron a ver a su padre cuando él se iba.
hulle het na hul pa gegaan toe hy weg was
Le rogaron que les comprara ropa nueva
hulle het hom gesmeek om vir hulle nuwe klere te koop
Vestidos, cintas y todo tipo de cositas.
rokke, linte, en allerhande klein dingetjies
Pero Bella no pedía nada.
maar skoonheid het niks gevra nie
Porque pensó que el dinero no sería suficiente.
omdat sy gedink het die geld gaan nie genoeg wees nie
No habría suficiente para comprar todo lo que sus hermanas querían.
daar sou nie genoeg wees om alles te koop wat haar susters wou hê nie
- ¿Qué te gustaría, Bella? -preguntó su padre.

"Wat wil jy hê, skoonheid?" vra haar pa
"Gracias, padre, por la bondad de pensar en mí", dijo.
"dankie, vader, vir die goedheid om aan my te dink," het sy gesê
"Padre, ten la amabilidad de traerme una rosa"
"Vader, wees so vriendelik om vir my 'n roos te bring"
"Porque aquí en el jardín no crecen rosas"
"want hier groei geen rose in die tuin nie"
"y las rosas son una especie de rareza"
"en rose is 'n soort rariteit"
A Bella realmente no le importaban las rosas
skoonheid het nie regtig vir rose omgegee nie
Ella solo pidió algo para no condenar a sus hermanas.
sy het net vir iets gevra om nie haar susters te veroordeel nie
Pero sus hermanas pensaron que ella pidió rosas por otros motivos.
maar haar susters het gedink sy vra vir rose om ander redes
"Lo hizo sólo para parecer especial"
"Sy het dit net gedoen om besonders te lyk"
El hombre amable continuó su viaje.
Die gawe man het op sy reis gegaan
pero cuando llego discutieron sobre la mercancia
maar toe hy daar aankom, het hulle oor die handelsware gestry
Y después de muchos problemas volvió tan pobre como antes.
en na baie moeilikheid het hy teruggekom so arm soos voorheen
Estaba a un par de horas de su propia casa.
hy was binne 'n paar uur van sy eie huis af
y ya imaginaba la alegría de ver a sus hijos
en hy het hom reeds die vreugde verbeel om sy kinders te sien
pero al pasar por el bosque se perdió
maar toe hy deur die bos gaan, het hy verdwaal
Llovió y nevó terriblemente
dit het vreeslik gereën en gesneeu

El viento era tan fuerte que lo arrojó del caballo.
die wind was so sterk dat dit hom van sy perd af gegooi het
Y la noche se acercaba rápidamente
en die nag het vinnig gekom
Empezó a pensar que podría morir de hambre.
hy het begin dink dat hy dalk honger ly
y pensó que podría morir congelado
en hy het gedink dat hy sou doodvries
y pensó que los lobos podrían comérselo
en hy het gedink wolwe mag hom eet
Los lobos que oía aullar a su alrededor
die wolwe wat hy rondom hom hoor huil het
Pero de repente vio una luz.
maar skielik het hy 'n lig gesien
Vio la luz a lo lejos entre los árboles.
hy het die lig op 'n afstand deur die bome gesien
Cuando se acercó vio que la luz era un palacio.
toe hy nader kom sien hy die lig is 'n paleis
El palacio estaba iluminado de arriba a abajo.
die paleis was van bo na onder verlig
El comerciante agradeció a Dios por su suerte.
die handelaar het God gedank vir sy geluk
y se apresuró a ir al palacio
en hy het hom na die paleis gehaas
Pero se sorprendió al no ver gente en el palacio.
maar hy was verbaas om geen mense in die paleis te sien nie
El patio estaba completamente vacío.
die binnehof was heeltemal leeg
y no había señales de vida en ninguna parte
en daar was nêrens teken van lewe nie
Su caballo lo siguió hasta el palacio.
sy perd het hom in die paleis gevolg
y luego su caballo encontró un gran establo
en toe kry sy perd groot stal
El pobre animal estaba casi muerto de hambre.
die arme dier was amper uitgehonger

Entonces su caballo fue a buscar heno y avena.
daarom het sy perd ingegaan om hooi en hawer te vind
Afortunadamente encontró mucho para comer.
gelukkig het hy genoeg te ete gekry
y el mercader ató su caballo al pesebre
en die handelaar het sy perd aan die krip vasgemaak
Caminando hacia la casa no vio a nadie.
na die huis toe gestap het, het hy niemand gesien nie
Pero en un gran salón encontró un buen fuego.
maar in 'n groot saal het hy 'n goeie vuur gekry
y encontró una mesa puesta para uno
en hy het 'n tafel gekry wat vir een gedek is
Estaba mojado por la lluvia y la nieve.
hy was nat van die reën en sneeu
Entonces se acercó al fuego para secarse.
daarom het hy naby die vuur gegaan om hom af te droog
"Espero que el dueño de la casa me disculpe"
"Ek hoop die eienaar van die huis sal my verskoon"
"Supongo que no tardará mucho en aparecer alguien"
"Ek veronderstel dit sal nie lank neem vir iemand om te verskyn nie"
Esperó un tiempo considerable
Hy het 'n geruime tyd gewag
Esperó hasta que dieron las once y todavía no venía nadie.
hy het gewag totdat dit elf slaan, en steeds het niemand gekom nie
Al final tenía tanta hambre que no podía esperar más.
uiteindelik was hy so honger dat hy nie meer kon wag nie
Tomó un poco de pollo y se lo comió en dos bocados.
hy het 'n hoender gevat en dit in twee mondevol geëet
Estaba temblando mientras comía la comida.
hy het gebewe terwyl hy die kos geëet het
Después de esto bebió unas copas de vino.
hierna het hy 'n paar glase wyn gedrink
Cada vez más valiente, salió del salón.
moediger word hy uit die saal

y atravesó varios grandes salones
en hy is deur verskeie groot sale
Caminó por el palacio hasta llegar a una cámara.
hy het deur die paleis gestap totdat hy in 'n kamer gekom het
Una habitación que tenía una cama muy buena.
'n kamer waarin 'n buitengewone goeie bed was
Estaba muy fatigado por su terrible experiencia.
hy was baie moeg van sy beproewing
Y ya era pasada la medianoche
en die tyd was al oor middernag
Entonces decidió que era mejor cerrar la puerta.
daarom het hy besluit dit is die beste om die deur toe te maak
y concluyó que debía irse a la cama
en hy het tot die gevolgtrekking gekom hy moet gaan slaap
Eran las diez de la mañana cuando el comerciante se despertó.
Dit was tien die oggend toe die handelaar wakker word
Justo cuando iba a levantarse vio algo
net toe hy gaan opstaan, sien hy iets
Se sorprendió al ver un conjunto de ropa limpia.
hy was verbaas om 'n skoon stel klere te sien
En el lugar donde había dejado su ropa sucia.
op die plek waar hy sy vuil klere gelos het
"Seguramente este palacio pertenece a algún tipo de hada"
"Sekerlik behoort hierdie paleis aan een of ander soort fee"
" Un hada que me ha visto y se ha compadecido de mí"
"'n Feetjie wat my gesien en jammer gekry het"
Miró por una ventana
hy kyk deur 'n venster
Pero en lugar de nieve vio el jardín más delicioso.
maar in plaas van sneeu het hy die heerlikste tuin gesien
Y en el jardín estaban las rosas más hermosas.
en in die tuin was die mooiste rose
Luego regresó al gran salón.
hy is toe terug na die groot saal
El salón donde había tomado sopa la noche anterior.

die saal waar hy die vorige aand sop gehad het
y encontró un poco de chocolate en una mesita
en hy het 'n bietjie sjokolade op 'n tafeltjie gekry
"Gracias, buena señora hada", dijo en voz alta.
"Dankie, goeie Madam Fairy," sê hy hardop
"Gracias por ser tan cariñoso"
"dankie dat jy so omgee"
"Le estoy sumamente agradecido por todos sus favores"
"Ek is uiters verplig teenoor jou vir al jou guns"
El hombre amable bebió su chocolate.
die gawe man het sy sjokolade gedrink
y luego fue a buscar su caballo
en toe gaan soek hy sy perd
Pero en el jardín recordó la petición de Bella.
maar in die tuin onthou hy skoonheid se versoek
y cortó una rama de rosas
en hy het 'n takkie rose afgesny
Inmediatamente oyó un gran ruido
dadelik het hy 'n groot geluid gehoor
y vio una bestia terriblemente espantosa
en hy het 'n verskriklike vreeslike dier gesien
Estaba tan asustado que estaba a punto de desmayarse.
hy was so bang dat hy gereed was om flou te word
-Eres muy desagradecido -le dijo la bestia.
"Jy is baie ondankbaar," sê die dier vir hom
Y la bestia habló con voz terrible
en die dier het met 'n vreeslike stem gepraat
"Te he salvado la vida al permitirte entrar en mi castillo"
"Ek het jou lewe gered deur jou in my kasteel toe te laat"
"¿Y a cambio me robas mis rosas?"
"en hiervoor steel jy my rose in ruil daarvoor?"
"Las rosas que valoro más que nada"
"Die rose wat ek bo alles waardeer"
"Pero morirás por lo que has hecho"
"maar jy sal sterf vir wat jy gedoen het"
"Sólo te doy un cuarto de hora para que te prepares"

"Ek gee jou net 'n kwartier om jouself voor te berei"
"Prepárate para la muerte y di tus oraciones"
"maak jouself gereed vir die dood en bid jou gebede"
El comerciante cayó de rodillas
die handelaar het op sy knieë geval
y alzó ambas manos
en hy het albei sy hande opgehef
"Mi señor, le ruego que me perdone"
"My heer, ek smeek U om my te vergewe"
"No tuve intención de ofenderte"
"Ek was nie van plan om jou te beledig nie"
"Recogí una rosa para una de mis hijas"
"Ek het 'n roos vir een van my dogters bymekaargemaak"
"Ella me pidió que le trajera una rosa"
"Sy het my gevra om vir haar 'n roos te bring"
-No soy tu señor, pero soy una bestia -respondió el monstruo.
"Ek is nie jou heer nie, maar ek is 'n dier," antwoord die monster
"No me gustan los cumplidos"
"Ek hou nie van komplimente nie"
"Me gusta la gente que habla como piensa"
"Ek hou van mense wat praat soos hulle dink"
"No creas que me puedo conmover con halagos"
"Moenie dink ek kan deur vleiery ontroer word nie"
"Pero dices que tienes hijas"
"Maar jy sê jy het dogters"
"Te perdonaré con una condición"
"Ek sal jou vergewe op een voorwaarde"
"Una de tus hijas debe venir voluntariamente a mi palacio"
"een van jou dogters moet gewillig na my paleis kom"
"y ella debe sufrir por ti"
"en sy moet vir jou ly"
"Déjame tener tu palabra"
"Laat my jou woord sê"
"Y luego podrás continuar con tus asuntos"

"en dan kan jy aangaan met jou besigheid"
"Prométeme esto:"
"Belowe my dit:"
"Si tu hija se niega a morir por ti, deberás regresar dentro de tres meses"
"As jou dogter weier om vir jou te sterf, moet jy binne drie maande terugkom."
El comerciante no tenía intenciones de sacrificar a sus hijas.
die handelaar was nie van plan om sy dogters te offer nie
Pero, como le habían dado tiempo, quiso volver a ver a sus hijas.
maar, aangesien hy tyd gegun is, wou hy weer sy dogters sien
Así que prometió que volvería.
daarom het hy belowe hy sal terugkeer
Y la bestia le dijo que podía partir cuando quisiera.
en die dier het vir hom gesê dat hy kon vertrek wanneer hy wou
y la bestia le dijo una cosa más
en die dier het hom nog een ding vertel
"No te irás con las manos vacías"
"jy mag nie met leë hande weggaan nie"
"Vuelve a la habitación donde yacías"
"gaan terug na die kamer waar jy gelê het"
"Verás un gran cofre del tesoro vacío"
"jy sal 'n groot leë skatkis sien"
"Llena el cofre del tesoro con lo que más te guste"
"vul die skatkis met wat jy ook al die lekkerste hou"
"y enviaré el cofre del tesoro a tu casa"
"en ek sal die skatkis na jou huis toe stuur"
Y al mismo tiempo la bestia se retiró.
en terselfdertyd het die dier teruggetrek
"Bueno", se dijo el buen hombre.
"Wel," sê die goeie man vir homself
"Si tengo que morir, al menos dejaré algo a mis hijos"
"as ek moet sterf, sal ek ten minste iets aan my kinders oorlaat"
Así que regresó al dormitorio.

daarom het hy teruggegaan na die slaapkamer
y encontró una gran cantidad de piezas de oro
en hy het 'n groot klomp stukke goud gevind
Llenó el cofre del tesoro que la bestia había mencionado.
hy het die skatkis gevul wat die dier genoem het
y sacó su caballo del establo
en hy het sy perd uit die stal gehaal
La alegría que sintió al entrar al palacio ahora era igual al dolor que sintió al salir de él.
die vreugde wat hy gevoel het toe hy die paleis binnegegaan het, was nou gelyk aan die hartseer wat hy gevoel het om dit te verlaat
El caballo tomó uno de los caminos del bosque.
die perd het een van die paaie van die woud gevat
Y en pocas horas el buen hombre estaba en casa.
en oor 'n paar uur was die goeie man tuis
Sus hijos vinieron a él
sy kinders het na hom toe gekom
Pero en lugar de recibir sus abrazos con placer, los miró.
maar in plaas daarvan om hulle omhelsings met plesier te ontvang, het hy na hulle gekyk
Levantó la rama que tenía en sus manos.
hy het die tak wat hy in sy hande gehad het omhoog gehou
y luego estalló en lágrimas
en toe bars hy in trane uit
"Belleza", dijo, "por favor toma estas rosas".
"skoonheid," het hy gesê, "neem asseblief hierdie rose"
"No puedes saber lo costosas que han sido estas rosas"
"Jy kan nie weet hoe duur hierdie rose was nie"
"Estas rosas le han costado la vida a tu padre"
"hierdie rose het jou pa sy lewe gekos"
Y luego contó su fatal aventura.
en toe vertel hy van sy noodlottige avontuur
Inmediatamente las dos hermanas mayores gritaron.
dadelik het die twee oudste susters uitgeroep
y le dijeron muchas cosas malas a su hermosa hermana

en hulle het baie slegte dinge vir hulle pragtige suster gesê
Pero Bella no lloró en absoluto.
maar skoonheid het glad nie gehuil nie
"Mirad el orgullo de ese pequeño desgraciado", dijeron.
"Kyk na die trots van daardie klein ellendeling," sê hulle
"ella no pidió ropa fina"
"sy het nie vir mooi klere gevra nie"
"Ella debería haber hecho lo que hicimos"
"sy moes gedoen het wat ons gedoen het"
"ella quería distinguirse"
"sy wou haarself onderskei"
"Así que ahora ella será la muerte de nuestro padre"
"so nou sal sy die dood van ons vader wees"
"Y aún así no derrama ni una lágrima"
"en tog pik sy nie 'n traan nie"
"¿Por qué debería llorar?" respondió Bella
"Hoekom moet ek huil?" het skoonheid geantwoord
"Llorar sería muy innecesario"
"huil sou baie onnodig wees"
"mi padre no sufrirá por mí"
"my pa sal nie vir my ly nie"
"El monstruo aceptará a una de sus hijas"
"die monster sal een van sy dogters aanvaar"
"Me ofreceré a toda su furia"
"Ek sal myself aan al sy grimmigheid oordra"
"Estoy muy feliz, porque mi muerte salvará la vida de mi padre"
"Ek is baie bly, want my dood sal my pa se lewe red"
"mi muerte será una prueba de mi amor"
"my dood sal 'n bewys van my liefde wees"
-No, hermana -dijeron sus tres hermanos.
"Nee, suster," sê haar drie broers
"Eso no será"
"dit sal nie wees nie"
"Iremos a buscar al monstruo"
"ons sal die monster gaan soek"

"y o lo matamos..."
"en óf ons sal hom doodmaak ..."
"...o pereceremos en el intento"
"... of ons sal vergaan in die poging"
"No imaginéis tal cosa, hijos míos", dijo el mercader.
"Moenie jou so iets voorstel nie, my seuns," sê die handelaar
"El poder de la bestia es tan grande que no tengo esperanzas de que puedas vencerlo"
"Die dier se krag is so groot dat ek geen hoop het dat jy hom kan oorwin nie"
"Estoy encantado con la amable y generosa oferta de Bella"
"Ek is bekoor met skoonheid se vriendelike en vrygewige aanbod"
"pero no puedo aceptar su generosidad"
"maar ek kan nie haar vrygewigheid aanvaar nie"
"Soy viejo y no me queda mucho tiempo de vida"
"Ek is oud, en ek het nie lank om te lewe nie"
"Así que sólo puedo perder unos pocos años"
"so ek kan net 'n paar jaar verloor"
"Tiempo que lamento por vosotros, mis queridos hijos"
"tyd waaroor ek spyt is vir julle, my liewe kinders"
"Pero padre", dijo Bella
"Maar pa," sê skoonheid
"No irás al palacio sin mí"
"Jy mag nie na die paleis gaan sonder my nie"
"No puedes impedir que te siga"
"Jy kan my nie keer om jou te volg nie"
Nada podría convencer a Bella de lo contrario.
niks kon skoonheid anders oortuig nie
Ella insistió en ir al bello palacio.
sy het aangedring om na die fyn paleis te gaan
y sus hermanas estaban encantadas con su insistencia
en haar susters was verheug oor haar aandrang
El comerciante estaba preocupado ante la idea de perder a su hija.
Die handelaar was bekommerd oor die gedagte om sy dogter

te verloor
Estaba tan preocupado que se había olvidado del cofre lleno de oro.
hy was so bekommerd dat hy vergeet het van die kis vol goud
Por la noche se retiró a descansar y cerró la puerta de su habitación.
in die nag het hy teruggetrek om te rus, en hy het sy kamerdeur toegemaak
Entonces, para su gran asombro, encontró el tesoro junto a su cama.
toe vind hy tot sy groot verbasing die skat langs sy bed
Estaba decidido a no contárselo a sus hijos.
hy was vasbeslote om dit nie vir sy kinders te vertel nie
Si lo supieran, hubieran querido regresar al pueblo.
as hulle geweet het, sou hulle wou terugkeer dorp toe
y estaba decidido a no abandonar el campo
en hy was vasbeslote om nie die platteland te verlaat nie
Pero él confió a Bella el secreto.
maar hy het skoonheid met die geheim vertrou
Ella le informó que dos caballeros habían llegado.
sy het hom meegedeel dat twee here gekom het
y le hicieron propuestas a sus hermanas
en hulle het aan haar susters voorstelle gemaak
Ella le rogó a su padre que consintiera su matrimonio.
sy het haar pa gesmeek om in te stem tot hul huwelik
y ella le pidió que les diera algo de su fortuna
en sy het hom gevra om vir hulle van sy fortuin te gee
Ella ya los había perdonado.
sy het hulle reeds vergewe
Las malvadas criaturas se frotaron los ojos con cebollas.
die goddelose wesens het hul oë met uie gevryf
Para forzar algunas lágrimas cuando se separaron de su hermana.
om 'n paar trane te dwing toe hulle met hul suster geskei het
Pero sus hermanos realmente estaban preocupados.
maar haar broers was regtig bekommerd

Bella fue la única que no derramó ninguna lágrima.
skoonheid was die enigste een wat geen trane gestort het nie
Ella no quería aumentar su malestar.
sy wou nie hul onrustigheid vermeerder nie
El caballo tomó el camino directo al palacio.
die perd het die direkte pad na die paleis geneem
y hacia la tarde vieron el palacio iluminado
en teen die aand het hulle die verligte paleis gesien
El caballo volvió a entrar solo en el establo.
die perd het homself weer in die stal geneem
Y el buen hombre y su hija entraron en el gran salón.
en die goeie man en sy dogter het in die groot saal ingegaan
Aquí encontraron una mesa espléndidamente servida.
hier kry hulle 'n tafel wat pragtig opgedien is
El comerciante no tenía apetito para comer
die handelaar het geen eetlus gehad nie
Pero Bella se esforzó por parecer alegre.
maar skoonheid het probeer om vrolik te voorkom
Ella se sentó a la mesa y ayudó a su padre.
sy gaan sit by die tafel en help haar pa
Pero también pensó para sí misma:
maar sy het ook by haarself gedink:
"La bestia seguramente quiere engordarme antes de comerme"
"bees wil my sekerlik vetmaak voor hy my eet"
"Por eso ofrece tanto entretenimiento"
"dit is hoekom hy so volop vermaak verskaf"
Después de haber comido oyeron un gran ruido.
nadat hulle geëet het, het hulle 'n groot geluid gehoor
Y el comerciante se despidió de su desdichado hijo con lágrimas en los ojos.
en die handelaar het met trane in sy oë van sy ongelukkige kind afskeid geneem
Porque sabía que la bestia venía
want hy het geweet die dier kom
Bella estaba aterrorizada por su horrible forma.

skoonheid was verskrik oor sy aaklige vorm
Pero ella tomó coraje lo mejor que pudo.
maar sy het moed gevat so goed sy kon
Y el monstruo le preguntó si venía voluntariamente.
en die monster het haar gevra of sy gewillig kom
-Sí, he venido voluntariamente -dijo temblando.
"Ja, ek het gewillig gekom," sê sy bewend
La bestia respondió: "Eres muy bueno"
die dier het geantwoord: "Jy is baie goed"
"Y te lo agradezco mucho, hombre honesto"
"en ek is baie verplig teenoor jou, eerlike man"
"Continuad vuestro camino mañana por la mañana"
"gaan môre oggend jou weë"
"Pero nunca pienses en venir aquí otra vez"
"maar moet nooit daaraan dink om weer hierheen te kom nie"
"Adiós bella, adiós bestia", respondió.
"Vaarwel skoonheid, vaarwel dier," antwoord hy
Y de inmediato el monstruo se retiró.
en dadelik het die monster teruggetrek
"Oh, hija", dijo el comerciante.
"O, dogter," sê die handelaar
y abrazó a su hija una vez más
en hy het sy dogter weer omhels
"Estoy casi muerto de miedo"
"Ek is amper doodbang"
"Créeme, será mejor que regreses"
"glo my, jy moet beter teruggaan"
"déjame quedarme aquí, en tu lugar"
"laat ek hier bly, in plaas van jou"
—No, padre —dijo Bella con tono decidido.
"Nee, pa," sê skoonheid, in 'n vasberade toon
"Partirás mañana por la mañana"
"jy sal môreoggend vertrek"
"déjame al cuidado y protección de la providencia"
"laat my oor aan die sorg en beskerming van die voorsienigheid"

Aún así se fueron a la cama
nietemin het hulle gaan slaap
Pensaron que no cerrarían los ojos en toda la noche.
hulle het gedink hulle sal nie die hele nag hul oë toemaak nie
pero justo cuando se acostaron se durmieron
maar net toe hulle gaan lê het, het hulle geslaap
Bella soñó que una bella dama se acercó y le dijo:
skoonheid het gedroom 'n goeie vrou kom en sê vir haar:
"Estoy contento, bella, con tu buena voluntad"
"Ek is tevrede, skoonheid, met jou goeie wil"
"Esta buena acción tuya no quedará sin recompensa"
"hierdie goeie daad van jou sal nie onbeloning bly nie"
Bella se despertó y le contó a su padre su sueño.
skoonheid het wakker geword en vir haar pa haar droom vertel
El sueño ayudó a consolarlo un poco.
die droom het gehelp om hom 'n bietjie te troos
Pero no pudo evitar llorar amargamente mientras se marchaba.
maar hy kon nie help om bitterlik te huil toe hy weggaan nie
Tan pronto como se fue, Bella se sentó en el gran salón y lloró también.
sodra hy weg is, het skoonheid in die groot saal gaan sit en ook gehuil
Pero ella decidió no sentirse inquieta.
maar sy het besluit om nie onrustig te wees nie
Ella decidió ser fuerte por el poco tiempo que le quedaba de vida.
sy het besluit om sterk te wees vir die bietjie tyd wat sy oor het om te lewe
Porque creía firmemente que la bestia la comería.
omdat sy vas geglo het die dier sou haar eet
Sin embargo, pensó que también podría explorar el palacio.
sy het egter gedink sy kan net sowel die paleis verken
y ella quería ver el hermoso castillo
en sy wou die pragtige kasteel bekyk

Un castillo que no pudo evitar admirar.
'n kasteel wat sy nie kon help om te bewonder nie
Era un palacio deliciosamente agradable.
dit was 'n heerlike aangename paleis
y ella se sorprendió muchísimo al ver una puerta
en sy was uiters verbaas om 'n deur te sien
Y sobre la puerta estaba escrito que era su habitación.
en oor die deur was geskryf dat dit haar kamer was
Ella abrió la puerta apresuradamente
sy maak die deur haastig oop
y ella quedó completamente deslumbrada con la magnificencia de la habitación.
en sy was nogal verblind deur die prag van die kamer
Lo que más le llamó la atención fue una gran biblioteca.
wat hoofsaaklik haar aandag getrek het, was 'n groot biblioteek
Un clavicémbalo y varios libros de música.
'n klavesimbel en verskeie musiekboeke
"Bueno", se dijo a sí misma.
"Wel," sê sy vir haarself
"Veo que la bestia no dejará que mi tiempo cuelgue pesadamente"
"Ek sien die dier sal nie my tyd swaar laat hang nie"
Entonces reflexionó sobre su situación.
toe besin sy by haarself oor haar situasie
"Si me hubiera quedado un día, todo esto no estaría aquí"
"As ek bedoel was om 'n dag te bly, sou dit alles nie hier gewees het nie."
Esta consideración le inspiró nuevo coraje.
hierdie oorweging het haar met nuwe moed besiel
y tomó un libro de su nueva biblioteca
en sy het 'n boek uit haar nuwe biblioteek geneem
y leyó estas palabras en letras doradas:
en sy lees hierdie woorde in goue letters:
"Bienvenida Bella, destierra el miedo"
"Welkom skoonheid, verban vrees"

"Eres reina y señora aquí"
"Jy is koningin en minnares hier"
"Di tus deseos, di tu voluntad"
"Spreek jou wense, spreek jou wil"
"Aquí la obediencia rápida cumple tus deseos"
"Vinnige gehoorsaamheid voldoen hier aan jou wense"
"¡Ay!", dijo ella con un suspiro.
"Ai," sê sy met 'n sug
"Lo que más deseo es ver a mi pobre padre"
"Die meeste van alles wil ek my arme pa sien"
"y me gustaría saber qué está haciendo"
"en ek wil graag weet wat hy doen"
Tan pronto como dijo esto se dio cuenta del espejo.
Sodra sy dit gesê het, het sy die spieël opgemerk
Para su gran asombro, vio su propia casa en el espejo.
tot haar groot verbasing sien sy haar eie huis in die spieël
Su padre llegó emocionalmente agotado.
haar pa het emosioneel uitgeput opgedaag
Sus hermanas fueron a recibirlo
haar susters het hom gaan ontmoet
A pesar de sus intentos de parecer tristes, su alegría era visible.
ten spyte van hul pogings om bedroef te voorkom, was hul vreugde sigbaar
Un momento después todo desapareció
'n oomblik later het alles verdwyn
Y las aprensiones de Bella también desaparecieron.
en skoonheid se bekommernisse het ook verdwyn
porque sabía que podía confiar en la bestia
want sy het geweet sy kan die dier vertrou
Al mediodía encontró la cena lista.
Die middag het sy aandete gereed gekry
Ella se sentó a la mesa
sy gaan sit by die tafel
y se entretuvo con un concierto de música
en sy is vermaak met 'n konsert van musiek

Aunque no podía ver a nadie
al kon sy niemand sien nie
Por la noche se sentó a cenar otra vez
saans het sy weer aangesit vir aandete
Esta vez escuchó el ruido que hizo la bestia.
hierdie keer hoor sy die geraas wat die dier gemaak het
y ella no pudo evitar estar aterrorizada
en sy kon nie help om verskrik te wees nie
"belleza", dijo el monstruo
"skoonheid," sê die monster
"¿Me permites comer contigo?"
"laat jy my toe om saam met jou te eet?"
"Haz lo que quieras", respondió Bella temblando.
"maak soos jy wil," antwoord skoonheid bewend
"No", respondió la bestia.
"Nee," antwoord die dier
"Sólo tú eres la señora aquí"
"jy alleen is minnares hier"
"Puedes despedirme si soy problemático"
"Jy kan my wegstuur as ek lastig is"
"Despídeme y me retiraré inmediatamente"
"stuur my weg en ek sal dadelik onttrek"
-Pero dime, ¿no te parece que soy muy fea?
"Maar sê vir my; dink jy nie ek is baie lelik nie?"
"Eso es verdad", dijo Bella.
"Dit is waar," sê skoonheid
"No puedo decir una mentira"
"Ek kan nie 'n leuen vertel nie"
"Pero creo que tienes muy buen carácter"
"maar ek glo jy is baie goed van aard"
"Sí, lo soy", dijo el monstruo.
"Ek is inderdaad," sê die monster
"Pero aparte de mi fealdad, tampoco tengo sentido"
"Maar behalwe vir my lelikheid, het ek ook geen sin nie"
"Sé muy bien que soy una criatura tonta"
"Ek weet baie goed dat ek 'n simpel skepsel is"

—No es ninguna locura pensar así —replicó Bella.
"Dit is geen teken van dwaasheid om so te dink nie," antwoord skoonheid

"Come entonces, bella", dijo el monstruo.
"Eet dan, skoonheid," sê die monster

"Intenta divertirte en tu palacio"
"probeer om jouself te vermaak in jou paleis"

"Todo aquí es tuyo"
"alles hier is joune"

"Y me sentiría muy incómodo si no fueras feliz"
"en ek sal baie onrustig wees as jy nie gelukkig was nie"

-Eres muy servicial -respondió Bella.
"Jy is baie behulpsaam," antwoord skoonheid

"Admito que estoy complacido con su amabilidad"
"Ek erken ek is tevrede met jou vriendelikheid"

"Y cuando considero tu bondad, apenas noto tus deformidades"
"en as ek jou goedhartigheid in ag neem, merk ek jou misvormings skaars op"

"Sí, sí", dijo la bestia, "mi corazón es bueno".
"Ja, ja," sê die dier, "my hart is goed"

"Pero aunque soy bueno, sigo siendo un monstruo"
"maar hoewel ek goed is, is ek steeds 'n monster"

"Hay muchos hombres que merecen ese nombre más que tú"
"Daar is baie mans wat daardie naam meer verdien as jy"

"Y te prefiero tal como eres"
"en ek verkies jou net soos jy is"

"y te prefiero más que a aquellos que esconden un corazón ingrato"
"en ek verkies jou meer as die wat 'n ondankbare hart verberg"

"Si tuviera algo de sentido común", respondió la bestia.
"as ek maar 'n bietjie verstand gehad het," antwoord die dier

"Si tuviera sentido común, te haría un buen cumplido para agradecerte"
"As ek verstand gehad het, sou ek 'n goeie kompliment maak om jou te bedank"

"Pero soy tan aburrida"
"maar ek is so dof"
"Sólo puedo decir que le estoy muy agradecido"
"Ek kan net sê ek is baie verplig teenoor jou"
Bella comió una cena abundante
skoonheid het 'n stewige aandete geëet
y ella casi había superado su miedo al monstruo
en sy het amper haar vrees vir die monster oorwin
Pero ella quería desmayarse cuando la bestia le hizo la siguiente pregunta.
maar sy wou flou word toe die dier haar die volgende vraag vra
"Belleza, ¿quieres ser mi esposa?"
"skoonheid, sal jy my vrou wees?"
Ella tardó un tiempo antes de poder responder.
sy het 'n rukkie geneem voordat sy kon antwoord
Porque tenía miedo de hacerlo enojar
omdat sy bang was om hom kwaad te maak
Al final, sin embargo, dijo: "No, bestia".
uiteindelik het sy egter gesê "nee, dier"
Inmediatamente el pobre monstruo silbó muy espantosamente.
dadelik sis die arme monster baie skrikwekkend
y todo el palacio hizo eco
en die hele paleis het weerklink
Pero Bella pronto se recuperó de su susto.
maar skoonheid het gou herstel van haar skrik
porque la bestia volvió a hablar con voz triste
want die dier het weer met 'n treurige stem gepraat
"Entonces adiós, belleza"
"toesiens, skoonheid"
y sólo se volvía de vez en cuando
en hy het net nou en dan teruggedraai
mirarla mientras salía
om na haar te kyk terwyl hy uitgaan
Ahora Bella estaba sola otra vez

nou was skoonheid weer alleen
Ella sintió mucha compasión
sy het 'n groot mate van deernis gevoel
"Ay, es una lástima"
"Ai, dit is 'n duisend jammerte"
"algo tan bueno no debería ser tan feo"
"enigiets so goed van aard moet nie so lelik wees nie"
Bella pasó tres meses muy contenta en palacio.
skoonheid het drie maande baie tevrede in die paleis deurgebring
Todas las noches la bestia le hacía una visita.
elke aand het die dier haar besoek afgelê
y hablaron durante la cena
en hulle het tydens die aandete gepraat
Hablaban con sentido común
hulle het met gesonde verstand gepraat
Pero no hablaban con lo que la gente llama ingenio.
maar hulle het nie gepraat met wat mense geestigheid noem nie
Bella siempre descubre algún carácter valioso en la bestia.
skoonheid het altyd een of ander waardevolle karakter in die dier ontdek
y ella se había acostumbrado a su deformidad
en sy het gewoond geraak aan sy misvorming
Ella ya no temía el momento de su visita.
sy het nie meer die tyd van sy besoek gevrees nie
Ahora a menudo miraba su reloj.
nou het sy gereeld op haar horlosie gekyk
y ella no podía esperar a que fueran las nueve en punto
en sy kon nie wag dat dit nege-uur is nie
Porque la bestia nunca dejaba de venir a esa hora
want die dier het nooit gemis om op daardie uur te kom nie
Sólo había una cosa que preocupaba a Bella.
daar was net een ding wat betrekking het op skoonheid
Todas las noches antes de irse a dormir la bestia le hacía la misma pregunta.

elke aand voor sy gaan slaap het die dier haar dieselfde vraag gevra
El monstruo le preguntó si sería su esposa.
die monster het haar gevra of sy sy vrou sou wees
Un día ella le dijo: "bestia, me pones muy nerviosa"
eendag sê sy vir hom: "bees, jy maak my baie onrustig"
"Me gustaría poder consentir en casarme contigo"
"Ek wens ek kon instem om met jou te trou"
"Pero soy demasiado sincero para hacerte creer que me casaría contigo"
"maar ek is te opreg om jou te laat glo ek sal met jou trou"
"nuestro matrimonio nunca se realizará"
"ons huwelik sal nooit gebeur nie"
"Siempre te veré como un amigo"
"Ek sal jou altyd as 'n vriend sien"
"Por favor, trate de estar satisfecho con esto"
"Probeer asseblief om hiermee tevrede te wees"
"Debo estar satisfecho con esto", dijo la bestia.
"Hiermee moet ek tevrede wees," sê die dier
"Conozco mi propia desgracia"
"Ek ken my eie ongeluk"
"pero te amo con el más tierno cariño"
"maar ek het jou lief met die teerste liefde"
"Sin embargo, debo considerarme feliz"
"Ek behoort myself egter as gelukkig te beskou"
"Y me alegraría que te quedaras aquí"
"en ek moet bly wees dat jy hier sal bly"
"Prométeme que nunca me dejarás"
"belowe my om my nooit te verlaat nie"
Bella se sonrojó ante estas palabras.
skoonheid bloos vir hierdie woorde
Un día Bella se estaba mirando en el espejo.
eendag het skoonheid in haar spieël gekyk
Su padre se había preocupado muchísimo por ella.
haar pa het hom siek vir haar bekommer
Ella anhelaba verlo de nuevo más que nunca.

sy verlang meer as ooit om hom weer te sien
"Podría prometerte que nunca te abandonaré por completo"
"Ek kan belowe om jou nooit heeltemal te verlaat nie"
"Pero tengo un deseo tan grande de ver a mi padre"
"maar ek het so 'n groot begeerte om my pa te sien"
"Me molestaría muchísimo si dijeras que no"
"Ek sal onmoontlik ontsteld wees as jy nee sê"
"Preferiría morir yo mismo", dijo el monstruo.
"Ek moes liewer self sterf," sê die monster
"Prefiero morir antes que hacerte sentir incómodo"
"Ek sal eerder sterf as om jou ongemaklik te laat voel"
"Te enviaré con tu padre"
"Ek sal jou na jou pa toe stuur"
"permanecerás con él"
"jy sal by hom bly"
"y esta desafortunada bestia morirá de pena en su lugar"
"en hierdie ongelukkige dier sal eerder met hartseer sterf"
"No", dijo Bella, llorando.
"Nee," sê skoonheid huilend
"Te amo demasiado para ser la causa de tu muerte"
"Ek is te lief vir jou om die oorsaak van jou dood te wees"
"Te doy mi promesa de regresar en una semana"
"Ek gee jou my belofte om oor 'n week terug te keer"
"Me has demostrado que mis hermanas están casadas"
"Jy het my gewys dat my susters getroud is"
"y mis hermanos se han ido al ejército"
"en my broers het na die weermag gegaan"
"déjame quedarme una semana con mi padre, ya que está solo"
"laat ek 'n week by my pa bly, want hy is alleen"
"Estarás allí mañana por la mañana", dijo la bestia.
"Môreoggend sal jy daar wees," sê die dier
"pero recuerda tu promesa"
"maar onthou jou belofte"
"Solo tienes que dejar tu anillo sobre una mesa antes de irte a dormir"

"Jy hoef net jou ring op 'n tafel te lê voor jy gaan slaap"
"Y luego serás traído de regreso antes de la mañana"
"en dan sal jy voor die môre teruggebring word"
"Adiós querida belleza", suspiró la bestia.
"Vaarwel liewe skoonheid," sug die dier
Bella se fue a la cama muy triste esa noche.
skoonheid het daardie aand baie hartseer gaan slaap
Porque no quería ver a la bestia tan preocupada.
want sy wou nie die dier so bekommerd sien nie
A la mañana siguiente se encontró en la casa de su padre.
die volgende oggend het sy haarself by haar pa se huis bevind
Ella hizo sonar una campanita junto a su cama.
sy lui 'n klokkie langs haar bed
y la criada dio un grito fuerte
en die diensmeisie het 'n harde gil gegee
y su padre corrió escaleras arriba
en haar pa het boontoe gehardloop
Él pensó que iba a morir de alegría.
hy het gedink hy gaan van blydskap sterf
La sostuvo en sus brazos durante un cuarto de hora.
hy het haar vir 'n kwartier in sy arms gehou
Finalmente los primeros saludos terminaron.
uiteindelik was die eerste groete verby
Bella empezó a pensar en levantarse de la cama.
skoonheid het begin dink om uit die bed op te staan
pero se dio cuenta de que no había traído ropa
maar sy het besef sy het geen klere saamgebring nie
pero la criada le dijo que había encontrado una caja
maar die bediende het vir haar gesê sy het 'n boks gekry
El gran baúl estaba lleno de vestidos y batas.
die groot kattebak was vol togas en rokke
Cada vestido estaba cubierto de oro y diamantes.
elke rok was bedek met goud en diamante
Bella agradeció a la Bestia por su amable atención.
skoonheid bedank dier vir sy vriendelike sorg
y tomó uno de los vestidos más sencillos

en sy het een van die eenvoudigste van die rokke geneem
Ella tenía la intención de regalar los otros vestidos a sus hermanas.
sy was van plan om die ander rokke vir haar susters te gee
Pero ante ese pensamiento el arcón de ropa desapareció.
maar by daardie gedagte het die kis klere verdwyn
La bestia había insistido en que la ropa era solo para ella.
Die dier het volgehou die klere is net vir haar
Su padre le dijo que ese era el caso.
haar pa het vir haar gesê dit is die geval
Y enseguida volvió el baúl de la ropa.
en dadelik het die klerekas weer teruggekom
Bella se vistió con su ropa nueva
skoonheid het haarself aangetrek met haar nuwe klere
Y mientras tanto las doncellas fueron a buscar a sus hermanas.
en intussen het diensmeisies haar susters gaan soek
Ambas hermanas estaban con sus maridos.
albei haar susters was by hul mans
Pero sus dos hermanas estaban muy infelices.
maar albei haar susters was baie ongelukkig
Su hermana mayor se había casado con un caballero muy guapo.
haar oudste suster het met 'n baie aantreklike heer getrou
Pero estaba tan enamorado de sí mismo que descuidó a su esposa.
maar hy was so lief vir homself dat hy sy vrou verwaarloos het
Su segunda hermana se había casado con un hombre ingenioso.
haar tweede suster het met 'n geestige man getrou
Pero usó su ingenio para atormentar a la gente.
maar hy het sy geestigheid gebruik om mense te pynig
Y atormentaba a su esposa sobre todo.
en hy het sy vrou die meeste van alles gepynig
Las hermanas de Bella la vieron vestida como una princesa

skoonheid se susters het haar soos 'n prinses geklee gesien
y se enfermaron de envidia
en hulle was siek van afguns
Ahora estaba más bella que nunca
nou was sy mooier as ooit
Su comportamiento cariñoso no pudo sofocar sus celos.
haar liefdevolle gedrag kon nie hul jaloesie smoor nie
Ella les contó lo feliz que estaba con la bestia.
sy het vir hulle vertel hoe gelukkig sy was met die dier
y sus celos estaban a punto de estallar
en hulle jaloesie was gereed om te bars
Bajaron al jardín a llorar su desgracia.
Hulle het in die tuin afgegaan om oor hul ongeluk te huil
"¿En qué sentido esta pequeña criatura es mejor que nosotros?"
"Op watter manier is hierdie skepseltjie beter as ons?"
"¿Por qué debería estar mucho más feliz?"
"Hoekom moet sy soveel gelukkiger wees?"
"Hermana", dijo la hermana mayor.
"Suster," sê die ouer suster
"Un pensamiento acaba de golpear mi mente"
"'n Gedagte het net my kop getref"
"Intentemos mantenerla aquí más de una semana"
"laat ons probeer om haar vir meer as 'n week hier te hou"
"Quizás esto enfurezca al tonto monstruo"
"miskien sal dit die simpel monster woedend maak"
"porque ella hubiera faltado a su palabra"
"want sy sou haar woord gebreek het"
"y entonces podría devorarla"
"en dan kan hy haar verslind"
"Esa es una gran idea", respondió la otra hermana.
"dis 'n goeie idee," antwoord die ander suster
"Debemos mostrarle la mayor amabilidad posible"
"ons moet haar soveel vriendelikheid as moontlik betoon"
Las hermanas tomaron esta resolución
die susters het dit hul besluit gemaak

y se comportaron con mucho cariño con su hermana
en hulle het baie liefdevol teenoor hulle suster opgetree
La pobre belleza lloró de alegría por toda su bondad.
arme skoonheid het geween van blydskap van al hulle goedhartigheid
Cuando la semana se cumplió, lloraron y se arrancaron el pelo.
toe die week verby was, het hulle gehuil en hul hare geskeur
Parecían muy apenados por separarse de ella.
hulle het so jammer gelyk om van haar te skei
y Bella prometió quedarse una semana más
en skoonheid het belowe om 'n week langer te bly
Mientras tanto, Bella no pudo evitar reflexionar sobre sí misma.
Intussen kon skoonheid nie help om oor haarself na te dink nie
Ella se preocupaba por lo que le estaba haciendo a la pobre bestia.
sy was bekommerd wat sy aan die arme dier doen
Ella sabía que lo amaba sinceramente.
sy weet dat sy opreg lief was vir hom
Y ella realmente anhelaba verlo otra vez.
en sy het baie verlang om hom weer te sien
La décima noche también la pasó en casa de su padre.
die tiende nag het sy ook by haar pa deurgebring
Ella soñó que estaba en el jardín del palacio.
sy het gedroom sy is in die paleistuin
y soñó que veía a la bestia extendida sobre la hierba
en sy het gedroom sy sien die dier uitgestrek op die gras
Parecía reprocharle con voz moribunda
dit het gelyk of hy haar met 'n sterwende stem verwyt
y la acusó de ingratitud
en hy het haar van ondankbaarheid beskuldig
Bella se despertó de su sueño.
skoonheid het uit haar slaap wakker geword
y ella estalló en lágrimas

en sy het in trane uitgebars
"¿No soy muy malvado?"
"Is ek nie baie goddeloos nie?"
"¿No fue cruel de mi parte actuar tan cruelmente con la bestia?"
"Was dit nie wreed van my om so onvriendelik teenoor die dier op te tree nie?"
"La bestia hizo todo lo posible para complacerme"
"dier het alles gedoen om my te behaag"
-¿Es culpa suya que sea tan feo?
"Is dit sy skuld dat hy so lelik is?"
¿Es culpa suya que tenga tan poco ingenio?
"Is dit sy skuld dat hy so min verstand het?"
"Él es amable y bueno, y eso es suficiente"
"Hy is vriendelik en goed, en dit is voldoende"
"¿Por qué me negué a casarme con él?"
"Hoekom het ek geweier om met hom te trou?"
"Debería estar feliz con el monstruo"
"Ek behoort gelukkig te wees met die monster"
"Mira los maridos de mis hermanas"
"kyk na die mans van my susters"
"ni el ingenio ni la belleza los hacen buenos"
"nóg geestigheid, nóg 'n mooi wese maak hulle goed nie"
"Ninguno de sus maridos las hace felices"
"nie een van hul mans maak hulle gelukkig nie"
"pero virtud, dulzura de carácter y paciencia"
"maar deug, soetheid van humeur en geduld"
"Estas cosas hacen feliz a una mujer"
"Hierdie dinge maak 'n vrou gelukkig"
"y la bestia tiene todas estas valiosas cualidades"
"en die dier het al hierdie waardevolle eienskappe"
"Es cierto; no siento la ternura del afecto por él"
"dit is waar; ek voel nie die teerheid van liefde vir hom nie"
"Pero encuentro que tengo la más alta gratitud por él"
"maar ek vind ek het die grootste dankbaarheid vir hom"
"y tengo por él la más alta estima"

"en ek het die hoogste agting van hom"
"y él es mi mejor amigo"
"en hy is my beste vriend"
"No lo haré miserable"
"Ek sal hom nie ellendig maak nie"
"Si fuera tan desagradecido nunca me lo perdonaría"
"As ek so ondankbaar sou wees, sou ek myself nooit vergewe nie"
Bella puso su anillo sobre la mesa.
skoonheid het haar ring op die tafel gesit
y ella se fue a la cama otra vez
en sy het weer gaan slaap
Apenas estaba en la cama cuando se quedó dormida.
skaars was sy in die bed voor sy aan die slaap geraak het
Ella se despertó de nuevo a la mañana siguiente.
sy het die volgende oggend weer wakker geword
Y ella estaba muy contenta de encontrarse en el palacio de la bestia.
en sy was verheug om haarself in die dier se paleis te bevind
Ella se puso uno de sus vestidos más bonitos para complacerlo.
sy het een van haar mooiste rokke aangetrek om hom tevrede te stel
y ella esperó pacientemente la tarde
en sy het geduldig gewag vir die aand
llegó la hora deseada
uiteindelik het die verlangde uur gekom
El reloj dio las nueve, pero ninguna bestia apareció
die klok het nege geslaan, maar geen dier het verskyn nie
Bella entonces temió haber sido la causa de su muerte.
skoonheid het toe gevrees dat sy die oorsaak van sy dood was
Ella corrió llorando por todo el palacio.
sy hardloop huilend oral om die paleis
Después de haberlo buscado por todas partes, recordó su sueño.
nadat sy oral na hom gesoek het, het sy haar droom onthou

y ella corrió hacia el canal en el jardín
en sy hardloop na die kanaal in die tuin
Allí encontró a la pobre bestia tendida.
daar het sy die arme dier uitgestrek gevind
y estaba segura de que lo había matado
en sy was seker sy het hom doodgemaak
Ella se arrojó sobre él sin ningún temor.
sy het haar sonder enige vrees oor hom gegooi
Su corazón todavía latía
sy hart het steeds geklop
Ella fue a buscar un poco de agua al canal.
sy het bietjie water uit die kanaal gaan haal
y derramó el agua sobre su cabeza
en sy het die water op sy kop gegooi
La bestia abrió los ojos y le habló a Bella.
die dier het sy oë oopgemaak en met skoonheid gepraat
"Olvidaste tu promesa"
"Jy het jou belofte vergeet"
"Me rompió el corazón haberte perdido"
"Ek was so hartseer om jou te verloor het"
"Resolví morirme de hambre"
"Ek het besluit om myself uit te honger"
"pero tengo la felicidad de verte una vez más"
"maar ek het die geluk om jou weer te sien"
"Así tengo el placer de morir satisfecho"
"dus het ek die plesier om tevrede te sterf"
"No, querida bestia", dijo Bella, "no debes morir".
"Nee, liewe dier," sê skoonheid, "jy mag nie sterf nie"
"Vive para ser mi marido"
"Leef om my man te wees"
"Desde este momento te doy mi mano"
"van hierdie oomblik af gee ek jou my hand"
"Y juro no ser nadie más que tuyo"
"en ek sweer om niemand anders as joune te wees nie"
"¡Ay! Creí que sólo tenía una amistad para ti"
"Ai! Ek het gedink ek het net 'n vriendskap vir jou"

"Pero el dolor que ahora siento me convence;"
"maar die hartseer wat ek nou voel, oortuig my;"
"No puedo vivir sin ti"
"Ek kan nie sonder jou lewe nie"
Bella apenas había dicho estas palabras cuando vio una luz.
skoonheid het hierdie woorde skaars gesê toe sy 'n lig sien
El palacio brillaba con luz
die paleis het geskitter van lig
Los fuegos artificiales iluminaron el cielo
vuurwerke het die lug verlig
y el aire se llenó de música
en die lug gevul met musiek
Todo daba aviso de algún gran acontecimiento
alles het kennis gegee van een of ander groot gebeurtenis
Pero nada podía captar su atención.
maar niks kon haar aandag vashou nie
Ella se volvió hacia su querida bestia.
sy draai na haar dierbare dier
La bestia por la que ella temblaba de miedo
die dier vir wie sy gebewe het van vrees
¡Pero su sorpresa fue grande por lo que vio!
maar haar verbasing was groot oor wat sy gesien het!
La bestia había desaparecido
die dier het verdwyn
En cambio, vio al príncipe más encantador.
in plaas daarvan het sy die lieflikste prins gesien
Ella había puesto fin al hechizo.
sy het 'n einde aan die towery gemaak
Un hechizo bajo el cual se parecía a una bestia.
'n betowering waaronder hy soos 'n dier gelyk het
Este príncipe era digno de toda su atención.
hierdie prins was al haar aandag werd
Pero no pudo evitar preguntar dónde estaba la bestia.
maar sy kon nie anders as om te vra waar die dier is nie
"Lo ves a tus pies", dijo el príncipe.
"Jy sien hom aan jou voete," sê die prins

"Un hada malvada me había condenado"
"'n Bose fee het my veroordeel"
"Debía permanecer en esa forma hasta que una hermosa princesa aceptara casarse conmigo"
"Ek moes in daardie vorm bly totdat 'n pragtige prinses ingestem het om met my te trou."
"El hada ocultó mi entendimiento"
"die fee het my begrip verberg"
"Fuiste el único lo suficientemente generoso como para quedar encantado con la bondad de mi temperamento"
"Jy was die enigste een wat vrygewig genoeg was om bekoor te word deur die goedheid van my humeur"
Bella quedó felizmente sorprendida
skoonheid was gelukkig verras
Y le dio la mano al príncipe encantador.
en sy het die bekoorlike prins haar hand gegee
Entraron juntos al castillo
hulle het saam in die kasteel gegaan
Y Bella se alegró mucho al encontrar a su padre en el castillo.
en skoonheid was verheug om haar pa in die kasteel te vind
y toda su familia estaba allí también
en haar hele gesin was ook daar
Incluso Bella dama que apareció en su sueño estaba allí.
selfs die pragtige dame wat in haar droom verskyn het, was daar
"Belleza", dijo la dama del sueño.
"skoonheid," sê die dame uit die droom
"ven y recibe tu recompensa"
"kom en ontvang jou beloning"
"Has preferido la virtud al ingenio o la apariencia"
"jy het deug bo geestigheid of voorkoms verkies"
"Y tú mereces a alguien en quien se unan estas cualidades"
"en jy verdien iemand in wie hierdie eienskappe verenig is"
"vas a ser una gran reina"
"jy gaan 'n groot koningin wees"
"Espero que el trono no disminuya vuestra virtud"

"Ek hoop nie die troon sal jou deug verminder nie"
Entonces el hada se volvió hacia las dos hermanas.
toe draai die feetjie na die twee susters
"He visto dentro de vuestros corazones"
"Ek het in julle harte gesien"
"Y sé toda la malicia que contienen vuestros corazones"
"en ek ken al die boosheid wat jou harte bevat"
"Ustedes dos se convertirán en estatuas"
"Julle twee sal standbeelde word"
"pero mantendréis vuestras mentes"
"maar jy sal jou gedagtes behou"
"estarás a las puertas del palacio de tu hermana"
"Jy moet by die poorte van jou suster se paleis staan"
"La felicidad de tu hermana será tu castigo"
"Jou suster se geluk sal jou straf wees"
"No podréis volver a vuestros antiguos estados"
"jy sal nie na jou vorige state kan terugkeer nie"
"A menos que ambos admitan sus errores"
"tensy julle albei jul foute erken"
"Pero preveo que siempre permaneceréis como estatuas"
"maar ek voorsien dat julle altyd standbeelde sal bly"
"El orgullo, la ira, la gula y la ociosidad a veces se vencen"
"trots, woede, vraatsug en ledigheid word soms oorwin"
" pero la conversión de las mentes envidiosas y maliciosas son milagros"
"maar die bekering van afgunstige en kwaadwillige verstande is wonderwerke"
Inmediatamente el hada dio un golpe con su varita.
dadelik het die feetjie 'n beroerte met haar towerstaf gegee
Y en un momento todos los que estaban en el salón fueron transportados.
en in 'n oomblik is almal wat in die saal was, vervoer
Habían entrado en los dominios del príncipe.
hulle het in die prins se heerskappy ingegaan
Los súbditos del príncipe lo recibieron con alegría.
die prins se onderdane het hom met blydskap ontvang

El sacerdote casó a Bella y la bestia
die priester het met skoonheid en die dier getrou
y vivió con ella muchos años
en hy het baie jare by haar gewoon
y su felicidad era completa
en hulle geluk was volkome
porque su felicidad estaba fundada en la virtud
omdat hulle geluk op deugde gegrond was

                    El fin
                    Die Einde

www.tranzlaty.com

www.ingramcontent.com/pod-product-compliance
Lightning Source LLC
Chambersburg PA
CBHW011555070526
44585CB00023B/2612